Le remède

de Dieu

contre

ISBN 978-1-78263-136-1
Originally published in English under the title "God's Remedy for Rejection", ISBN 0-88419-337-3
Traduit avec permission de Derek Prince Ministries International USA, P.O. Box 19501, Charlotte, North Carolina 28219-9501, USA.

Droits d'Auteur: Derek Prince. Tous droits réservés.
Droits d'Auteur traduction mars 1996: DPM International. Tous droits réservés.

Traduit par Laurence Jones

Aucun extrait de cette publication ne peut être reproduit ou transmis sous une forme quelconque, que ce soit par des moyens électroniques ou mécaniques, y compris la photocopie, l'enregistrement ou tout stockage ou report de données sans la permission écrite de l'éditeur.
Sauf autre indication, les citations bibliques de cette publication sont tirées de la traduction Louis Segond "Nouvelle Edition".
Publié par Derek Prince Ministries France, année 1996.
Dépôt légal deuxième impression: 4-ième trimestre 1996.
Dépôt légal troisième impression: 2-ième trimestre 1999.
Dépôt légal quatrième impression: 3-ième trimestre 2006.
Dépôt légal cinquième impression: 1-ième trimestre 2011.
Couverture faite par Damien Baslé, www.damienbasle.com
Imprimé en France

Pour tout renseignement, et pour obtenir un catalogue de tous les livres et toutes les cassettes de Derek Prince disponibles, merci de contacter:
DEREK PRINCE MINISTRIES FRANCE
9, Route d'Oupia, B.P.31, 34210 Olonzac FRANCE
tél. (33) 04 68 91 38 72 fax (33) 04 68 91 38 63
E-mail info@derekprince.fr * www.derekprince.fr

BUREAUX DE DEREK PRINCE MINISTRIES

Derek Prince Ministries International/USA
P.O. Box 19501
Charlotte, NC 28219-9501 Etats-Unis
tél. (1)-704-357-3556
fax (1)-704-357-3502

Derek Prince Ministries Angleterre
Kingsfield
Hadrian way
Baldock SG7 6AN Angleterre
tél. (44)-1462-492100
fax (44)-1462-492102

Derek Prince Ministries Afrique du Sud
P.O. Box 33367
Glenstantia 0010 Pretoria
Afrique du Sud
tél. (27)-12-348-9537
fax (27)-12-348-9538

Derek Prince Ministries Australie
1st floor, 134 Pendle Way
Pendle Hill
New South Wales 2145
Australie
tél. (61)-2-9688-4488
fax (61)-2-9688-4848

Derek Prince Ministries Allemagne
Schwarzauer Str. 56
D-83308 Trostberg
Allemagne
tél. (49)-8621-64146
fax (49)-8621-64147

Derek Prince Ministries (IBL) – Suisse
Alpenblickstr. 8
CH-8934 Knonau
Suisse
Tél: (41) 44 768 25 06
Email: dpm-ch@ibl-dpm.net

Derek Prince Ministries Canada
P.O. Box 8354
Halifax N.S. Canada B3K 5M1
tél. (1)-902 443-9577
fax (1)-902 443-9577

Derek Prince Ministries
Pays-Bas/EE/CIS
P.O. Box 349
1960 AH Heemskerk
Pays-Bas
tél. (31)-251 255044
fax (31)-251 247798

Derek Prince Ministries
Pacific du Sud
224 Cashel Street
P.O. Box 2029
Christchurch 8000
Nouvelle Zélande
tél. (64)-3-366-4443
fax (64)-3-366-1569

Derek Prince Publ. Pte Ltd
Derek Prince Ministries
10 Jalan Besar
#14-00 (Unit 03) Sim Lim Tower
Singapore 208787
République de Singapour
tél. (65)-392-1812
fax (65)-392-1823

DPM – NORVEGE
PB 129 – Loddefjord
5881 Bergen
NORVEGE
Tél: 47-5593-4322
Fax: 47-5593-4322
E-mail Sverre@derekprince.no

Du même auteur:

**"Ils chasseront les démons"
➢ *Ce livre de Derek Prince de 288 pages, qu'il a écrit en 1997, constitue un manuel solide et biblique traitant le sujet délicat de la délivrance d'une façon modérée, réaliste et équilibrée.*

**"Alors viendra la fin... "
➢ *Derek Prince vous montrera comment aborder le sujet de la prophétie dans la Bible. Il est très important pour les enfants de Dieu de savoir comment les reconnaître.*

**"Qui est le Saint-Esprit?"
➢ *Une étude sur la Personne la moins comprise de la Bible: le Saint-Esprit.*

**"L'identification"
➢ *Dans cette étude, le frère Prince nous montre à quel point Jésus est vraiment devenu homme, et s'est identifié avec nous, dans toutes nos faiblesses, nos péchés, nos douleurs, afin que toute la bénédiction de celui qui est également Dieu, puisse être libérée pour nous.*

**"Prier pour le gouvernement"
➢ *D'une façon claire, Derek Prince montre pourquoi il est logique de prier "avant toutes choses" pour ceux qui sont haut placés (1 Tim. 2:1-2). Un enseignement simple et compréhensible, afin de savoir comment et pourquoi prier intelligemment pour le gouvernement.*

**"Façonner l'histoire par la prière et le jeûne"
➢ *Par ce livre Derek Prince donne des exemples aussi bien de l'histoire que de sa propre expérience, comme la combinaison puissante du jeûne et de la prière peut effectuer parfois un changement du cours de l'histoire pour une nation tout entière.*

**"Votre langue a-t-elle besoin de guérison?"
➢ *Tôt ou tard, chaque chrétien est confronté au besoin impératif de contrôler sa langue, mais il n'y parvient pas. Derek Prince apporte au lecteur l'enseignement biblique et*

les étapes pratiques nécessaires pour discipliner la langue.

**"Le mariage: une alliance"
> *En traitant l'une des choses pouvant être la plus profonde et la plus précieuse de la vie, Derek Prince explique ce que le mariage est avant tout aux yeux de Dieu: <u>une alliance</u>. Tout comme la Nouvelle Alliance de Jésus était impossible sans sa mort, de même l'alliance du mariage est impensable si les conjoints ne renoncent pas à leur propre vie.*

**"Le chemin dans le saint des saints"
> *Cette étude vous guidera à travers le Tabernacle, pour finir dans le saint des saints: le lieu où la seule lumière vient de la Shekinah, la présence de Dieu lui-même qui reste sur le Propitiatoire. Une étude qui dépasse les enseignements de base, pour vous nourrir d'une richesse profonde et délicieuse.*

**"Le plan de Dieu pour votre argent"
> *Dieu a un plan pour tous les aspects de votre vie, y compris celui de vos finances. Dans ce livre, Derek Prince révèle comment gérer votre argent pour que vous puissiez vivre sous la bénédiction de Dieu et dans l'abondance qu'il a voulues et entendues pour vous.*

**"Les actions de grâces, la louange et l'adoration"
> *Une étude profonde sur ce qu'un être humain peut connaître de plus élevé: adorer et louer son Dieu*

Et autres (mars 2011 93 titres disponibles).
Ecrivez à notre adresse pour recevoir gratuitement un catalogue de tous les livres et de toutes les cassettes de Derek Prince, des lettres d'enseignement gratuites (France et DOM/TOM uniquement) et pour être tenu au courant de toutes les nouvelles éditions, et toute autre nouvelle de:

DEREK PRINCE MINISTRIES FRANCE
9, Route d'Oupia, B.P.31, 34210 Olonzac FRANCE
tél. (33) 04 68 91 38 72 fax (33) 04 68 91 38 63
E-mail info@derekprince.fr * www.derekprince.fr

TABLE DES MATIERES

1. La nature du rejet　　　　　　　　　page　　7
2. Les causes du rejet　　　　　　　　　page　　13
3. La trahison et la honte　　　　　　　　page　　19
4. Les conséquences du rejet　　　　　　page　　23
5. Le rejet ultime　　　　　　　　　　　page　　29
6. Comment s'appliquer le remède　　　　page　　41
7. L'acceptation au milieu du peuple de Dieu　page　49
8. L'amour divin　　　　　　　　　　　page　　55

Chapitre premier

LA NATURE DU REJET

Nous avons presque tous expérimenté le rejet à un moment ou à un autre. Mais beaucoup d'entre nous n'avons pas compris sa nature ou ses conséquences. Le rejet a pu être quelque chose de peu important - ou il a pu être tellement dévastateur qu'il a affecté toute votre vie et toutes vos relations.

Voici quelques exemples courants. Ce n'est pas vous qui avez été choisi pour participer à une équipe sportive à l'école. Votre premier petit ami ne s'est pas présenté à un rendez-vous important et ne vous a jamais donné d'explication. Vous n'avez pas été accepté à l'université de votre choix. Vous avez perdu votre travail sans aucune raison valable - on vous a dit que vous étiez licencié pour raison économique et restructuration d'entreprise.

Pire que tous ces exemples est la douleur qui provient de ce que vous ne vous êtes jamais senti aimé de votre père, ou que vous avez ressenti que votre mère ne vous désirait pas, ou que votre mariage s'est terminé par un divorce. De telles expériences laissent des blessures permanentes - que vous en soyez conscients ou non. Mais j'ai une bonne nouvelle pour vous. Dieu peut vous libérer des blessures qui proviennent du rejet, il peut vous aider à vous accepter vous-mêmes et vous rendre capable de manifester son amour envers les autres. Mais avant de pouvoir recevoir son aide, il vous faut reconnaître la nature de votre problème.

Le rejet peut se définir comme étant la sensation d'être indésirable. Vous désirez que les gens vous aiment, et pourtant vous croyez qu'ils ne vous aiment pas. Vous voulez faire partie d'un groupe, mais vous vous sentez exclu. Quelque part, vous êtes toujours à l'extérieur en train de regarder. Deux blessures très liées entre elles sont la trahison et la honte. Quelquefois le rejet est tellement fort et douloureux que votre intelligence refuse d'y penser. Néanmoins, vous savez qu'il y a quelque chose là - même si c'est plus profond que l'intelligence, plus profond que la raison, plus profond que la mémoire. C'est dans l'esprit. Le livre des Proverbes décrit ceci.

> "Un cœur joyeux rend le visage serein; mais quand le cœur est triste, l'esprit est abattu" (Prov.15:13).

L'auteur nous dit aussi comment un esprit abattu affecte une personne.

> "L'esprit de l'homme le soutient dans la maladie; mais l'esprit abattu, qui le relèvera?" (Prov.18:14).

Un esprit confiant et fort peut aider une personne qui passe par de grandes difficultés, mais un esprit abattu a un effet paralysant dans tous les domaines de la vie. Notre société actuelle souffre d'une détérioration progressive des relations interpersonnelles. C'est fort probable que vous ayez été "pris dans la fournaise", et que la conséquence ait été une blessure de rejet. Permettez-moi de vous suggérer que vous pouvez toutefois en retirer quelque chose de bon.

Je crois que le diable a quelque connaissance anticipée. Il sait que Dieu veut vous utiliser, et il vous a frappé le premier. Dans un sens, cela couvre un compliment, bien que caché. Cela veut dire que le diable a peur de ce que vous pouvez devenir en Christ. Aussi, ne soyez pas découragés. Mon expérience est que les gens qui ont été dans la position la plus modeste terminent dans la position la plus élevée. L'Ecriture nous dit : "Celui qui s'abaisse sera élevé" (Luc 18:14). Il y a un verset dans Matthieu qui, je crois, décrit ce que Jésus ressent envers nous.

"Voyant la foule, il fut ému de compassion..." (Matt.9:36a)

Le mot grec qui est traduit par "compassion" est étonnamment puissant. Il implique une puissante réaction physique dans la région abdominale du corps d'une personne. C'est une réaction tellement puissante que cela demande une réponse. Une personne qui est émue de compassion ne peut pas rester à l'écart et observer. Elle doit faire quelque chose. Pourquoi Jésus était-il ému de compassion?

"...Parce qu'elle était languissante et abattue comme des brebis qui n'ont point de berger" (Matt.9:36b).

C'est possible que ce soit justement ce que vous ressentiez: vous vous sentez lassé, abattu, frustré, perplexe, craintif, anxieux, déprimé, chargé. Jésus vous voit, tout comme il a vu les foules. Il a compassion de vous. Il languit de vous guérir là où vous souffrez le plus.

Les symptômes par opposition aux racines.

D'abord, il nous faut comprendre la vraie nature du rejet. Qu'est-ce qui le provoque? Comment doit-il être traité? Vers 1964, je me suis retrouvé en train de prier fréquemment pour des gens qui étaient liés par des drogues telles que la nicotine ou l'alcool. J'ai toutefois découvert très vite que de telles dépendances ne sont simplement que des ramifications qui ont poussé d'une branche. La branche qui les soutient normalement est une forme de frustration. C'est pourquoi la solution pratique est de traiter la branche. Quand vous avez coupé la branche de la frustration, il est relativement facile de traiter les ramifications de la dépendance.

Alors que je me débattais avec les problèmes personnels des gens, je suis progressivement descendu du tronc de l'arbre jusqu'à ce que je parvienne à la partie de l'arbre qui se trouve sous la surface, c'est-à-dire les racines. C'est là que Dieu cherche à travailler dans nos vies.

> "Déjà la cognée est mise à la racine des arbres: tout arbre donc qui ne produit pas de bon fruit sera coupé et jeté au feu" (Matt.3:10).

D'où l'arbre est-il coupé? Des racines. Quand je suis parvenu là, en-dessous de la surface, j'ai fait une découverte qui m'a d'abord surpris. L'une des racines communes à tous les problèmes personnels est le rejet. Je suis parvenu à cette conclusion non pas en tant que sociologue ou psychologue, mais en tant que prédicateur.

N'avez-vous jamais vu un petit enfant dans les bras de son père? Une de ses mains est agrippée au revers de sa veste tandis que sa tête est pressée contre sa poitrine. Il se peut qu'il y ait des pressions et des tensions tout autour, mais l'enfant n'est pas menacé. Son visage exprime une sécurité totale. Il est là, à sa place, dans les bras de Papa.

Dieu a conçu la nature humaine de telle sorte que chaque bébé né dans ce monde ait soif d'une telle sécurité. Cela ne peut jamais être totalement assuré et satisfait sans l'amour parental, en particulier l'amour d'un père. Toute personne ayant été privée de cette sorte d'amour est inévitablement exposée à la blessure du rejet. Presque une génération entière de pères ont manqué leurs engagements envers leurs enfants; c'est pourquoi, nous avons une génération de jeunes gens dont le problème fondamental profond est le rejet. A cette image des relations brisées entre parents et enfants, il nous faut ajouter les statistiques des mariages brisés. De nos jours, cela recouvre la moitié des mariages. Presque inévitablement, l'un ou les deux partenaires se retrouvent avec une blessure de rejet. Très souvent, il y a la souffrance supplémentaire de la confiance trahie.

Quand nous considérons les pressions de la société actuelle, en particulier la rupture de la vie de famille, ma conviction est qu'au moins la moitié de la population des pays occidentaux souffre du rejet sous une forme ou sous une autre. Il ne fait aucun doute que Dieu avait prévu ces temps de la fin, ces temps particuliers de crises des relations brisées, quand il a donné la promesse de Malachie 4:5-6.

> "Voici: je vous enverrai Elie le prophète, avant que le jour de l'Eternel, arrive, ce jour grand et redoutable. Il ramènera le cœur des pères à leurs enfants et le cœur des enfants à leurs pères, de peur que je ne vienne frapper le pays d'interdit".

Le résultat final du rejet, dû à des relations brisées, est une malédiction. Mais pour ceux qui se tourneront vers Dieu à travers Jésus, il a pourvu à la guérison de cette malédiction. Quelle forme prendra cette guérison? Quel est l'opposé du rejet? L'acceptation, bien sûr. C'est précisément ce que Dieu nous offre quand nous venons à lui à travers Jésus.

> "Il (Dieu) nous a acceptés en son bien-aimé" qui est Jésus (Eph. 1:6, version angl., King James).

Le mot original traduit ici par "accepté" est très fort. C'est beaucoup plus fort qu'une simple approbation. Dans Luc 1:28 le même mot est traduit par "très hautement favorisé" (Nouvelle Version King James). Quand vous venez à Dieu par Jésus, vous êtes accepté, aussi hautement favorisé que Jésus Lui-même. Aussi étonnant que cela puisse paraître, Dieu nous aime de la même façon qu'il aime Jésus. Vous devenez un membre de sa propre famille.

La première étape pour surmonter le rejet est de le reconnaître. Une fois que vous l'avez reconnu, vous pouvez le traiter. Mais laissez-moi vous dire ceci: Dieu va vous aider à reconnaître le problème.

Pendant la Deuxième Guerre mondiale, alors que j'étais en service comme aide médical dans le désert d'Afrique du Nord, je travaillais avec un homme qui était plutôt un brillant médecin. Une bombe était tombée d'un avion ennemi quelque part près de nous, et un de nos soldats avait été frappé par un éclat d'obus. Il était venu dans le centre d'accueil avec une petite marque de piqûre noire sur l'épaule. Comme j'étais très prévenant et que j'essayais d'aider et de faire la bonne chose, j'ai dit au docteur: "Voulez-vous un pansement?" Et le docteur m'a répondu: "Non, apportez-moi la sonde." Aussi je lui tendis le petit bâton argenté, et il le mit dans la blessure et l'actionna tout autour. Rien ne se passa pendant quelque temps. Puis la sonde heurta le petit éclat d'obus à l'intérieur et le patient laissa échapper un cri. Le docteur sut qu'il avait trouvé le problème. Je lui dis alors: "Voulez-vous que je vous prépare le pansement?" Il me répondit: "Non, apportez-moi le forceps." Il prit le forceps et enleva l'éclat d'obus. "Maintenant", me dit-il, "donnez-moi le pansement". Vous pouvez mettre une sorte de pansement religieux sur une blessure qui ne peut pas guérir parce qu'il y a à l'intérieur quelque chose qui la fait suppurer. Mais si vous ouvrez votre cœur au Saint-Esprit, il révélera la source du problème. Si la sonde du Saint-Esprit touche un éclat d'obus, criez si vous voulez, mais ne résistez pas! Demandez-lui d'utiliser son forceps pour enlever le problème. Alors Dieu pourra appliquer quelque chose qui va vraiment le guérir.

A mesure que vous poursuivez votre lecture, vous verrez comment vous pouvez passer du rejet à l'acceptation tout en traitant les problèmes de la trahison et de la honte en chemin. Puis, dans le dernier chapitre, je vous montrerai comment laisser le divin amour de Dieu couler à travers vous pour atteindre les autres.

J'ai eu affaire à beaucoup, beaucoup de gens qui ont reconnu et surmonté avec succès les blessures du rejet. Vous pouvez être l'un d'eux.

Chapitre deux

LES CAUSES DU REJET

Toutes les relations humaines s'accompagnent de risques de rejet. Parfois le rejet commence durant la scolarité. Il se peut que vous portiez des habits d'occasion, ou que vous soyez d'une race différente, que vous ayez un défaut physique, ou que vous ayez été ridiculisé dans votre école. Beaucoup de gens sont dérangés par ceux qui sont différents. Ne sachant pas comment s'identifier à vous, ils vous rejettent. La forme de rejet qui provoque le plus de mal est lorsqu'un enfant perçoit le rejet d'un parent. Il y a peut-être trois situations principales qui peuvent provoquer cette blessure.

D'abord, un enfant peut ne pas être désiré pendant la grossesse. La mère peut porter dans son sein un enfant dont elle ne veut vraiment pas. Peut-être ne dit-elle rien, mais l'attitude est là. Ou l'enfant peut avoir été conçu en dehors du mariage. La mère peut avoir de la rancune et détester cette chose qui est venue dans sa vie et qui va lui créer toutes sortes de problèmes. Un tel enfant peut naître avec un esprit de rejet.

J'ai découvert une chose étonnante en priant pour les gens aux Etats-Unis. Les gens d'un certain groupe d'âge semblaient assez communément avoir ce sentiment de rejet précoce. Quand j'ai fait des recherches, j'ai pu établir qu'ils étaient tous nés durant la Grande Dépression. J'ai compris qu'une mère durant cette période, avec beaucoup de bouches à nourrir, pouvait difficilement concevoir la pensée d'avoir un autre enfant. Son attitude intérieure a blessé cet enfant - même avant qu'il ne sorte de son sein.

La deuxième situation est celle d'un enfant qui ne reçoit pas de démonstration d'amour de ses parents. Il y a eu un autocollant pour voitures qui dit: "Avez-vous fait un câlin à votre enfant aujourd'hui?" C'est une bonne question. Un enfant sans câlin tend à devenir un enfant rejeté.

Même si les parents aiment l'enfant, c'est possible qu'ils ne sachent pas comment exprimer leur amour. Encore récemment, j'ai parlé à des gens qui m'ont dit: "Je suppose que mon père m'aimait, mais il n'a jamais su comment le montrer. Toute sa vie il ne m'a jamais pris sur ses genoux; il n'a jamais rien fait pour me montrer qu'il m'aimait." Ou c'est possible que le rejet soit ressenti comme venant de la mère. Dans tous les cas l'enfant pense: "Je suis indésirable."Si vous parlez aujourd'hui à beaucoup d'enfants qui sont amers et rebelles à leurs parents, ils vous diront ceci: "Nos parents nous ont donné des habits, de l'instruction, une voiture et une piscine, mais ils ne nous ont jamais donné du temps. Ils ne nous ont jamais donné d'eux-mêmes."

C'est, je pense, l'une des raisons de l'affreuse réaction amère des jeunes envers les plus âgés, que nous avons vue dans les années 1960. C'est une réaction contre le matérialisme sans amour. Beaucoup de ces jeunes gens devenus amers et rebelles, venaient de familles plutôt riches et privilégiées. On leur avait tout donné sauf l'amour, la chose qu'ils désiraient le plus.

Cette forme de rejet peut aussi affecter un enfant dont les parents ont divorcé. Habituellement, c'est à la mère qu'on confie la garde des enfants. Il est possible, cependant, qu'un tel enfant ait eu une relation bonne et chaleureuse avec son père. Puis soudain, le père n'est plus là. Il est parti avec "une autre femme". Cela laisse un vide douloureux dans le cœur de l'enfant.

La réaction de l'enfant est double: l'amertume envers le père et la haine envers "l'autre femme". Ce qui reste est une profonde blessure de rejet, quelque chose qui dit: la personne que j'aimais le plus et en qui j'avais le plus confiance m'a abandonné. Désormais je ne ferai plus jamais confiance à personne. Souvent, aussi, la mère, avec les nouvelles responsabilités qui lui incombent, n'est plus capable de donner à l'enfant l'affection qu'elle lui prodiguait auparavant. Dans ce cas, l'enfant expérimente un double rejet: de son père et de sa mère.

Troisièmement, des frères et sœurs peuvent percevoir une affection inégale de la part de leurs parents - que cela soit intentionnel ou non. J'ai remarqué qu'une famille de trois enfants peut avoir un premier enfant intelligent qui a réponse à tout. En outre, en tant qu'aîné, il jouit d'une priorité naturelle. Le suivant se présente et il n'est pas aussi brillant. Puis, à nouveau, le troisième enfant est intelligent. Le second enfant se sent continuellement inférieur aux autres. Quelque part, les parents sont toujours en train de louer l'aîné ou le plus jeune, mais ils n'en disent pas autant du second enfant. Très souvent cet enfant va se sentir rejeté et indésirable. Il ou elle pense: "Mes parents aiment mon frère aîné, ils aiment ma plus jeune sœur, mais ils ne m'aiment pas."

D'autre part, au lieu d'expérimenter le rejet, un enfant peut parfois recevoir une mesure injuste d'amour et d'attention aux dépens des autres frères et sœurs. Son frère, ou sa sœur, juste en se comparant à cet enfant plus particulièrement favorisé, se sentira rejeté.

Je me souviens de l'histoire d'une mère qui avait deux filles et qui préférait l'une à l'autre. Un jour elle entendit un bruit dans une pièce à côté, et pensant que c'était la fille qu'elle préférait, elle demanda: "Est-ce toi, chérie?" La voix de l'autre fille répliqua: "Non, ce n'est que moi." Alors la mère réalisa l'impact que sa préférence pour l'une des filles avait provoqué chez l'autre. Elle s'en repentit et chercha à réparer les torts causés dans sa relation avec sa fille.

Laissez-moi vous donner un autre exemple de la façon dont le rejet peut survenir à un très jeune âge et de l'impact spirituel qu'il peut avoir sur un enfant. Il y a plusieurs années, je dirigeais une réunion dans une église de Miami. J'avais rendu visite à une des paroissiennes quelques soirs plus tôt, et j'avais fait quelque chose que je fais très rarement. Je lui avais dit: "Sœur, si je ne me trompe pas, vous avez un esprit de mort en vous."

Elle avait toutes les raisons pour être heureuse, mais elle ne l'était pas. Elle avait un bon mari et des enfants, mais c'est très rarement qu'elle souriait ou semblait heureuse. Elle était comme une personne en deuil perpétuel. Quoique je fasse très rarement ce genre de remarque à quelqu'un, je sentais que je devais lui dire quelque chose ce soir-là.

Je lui dis: "Je prêche vendredi soir à Miami. Si vous venez, je prierai pour vous."

Au commencement de la réunion je l'ai remarquée, assise au premier rang. A nouveau, j'ai fait quelque chose que je ne fais pas habituellement. A un moment donné, pendant la réunion, je me suis dirigé vers elle et je lui ai dit: "Toi, esprit de mort, au nom de Jésus je t'ordonne de me répondre. Quand es-tu entré dans cette femme?"

Et l'esprit, non pas la femme, me répondit très clairement: "Oh, quand elle avait deux ans."

Je lui ai dit: "Comment es-tu entré là?"

A nouveau ce fut l'esprit qui me répondit: "Oh, elle se sentait rejetée; elle se sentait indésirable; elle se sentait seule."

Plus tard, dans la soirée, la femme fut délivrée de l'esprit de mort, mais pendant plusieurs jours cet incident m'est revenu à la pensée. Cela m'a donné une nouvelle compréhension de l'effet que le rejet peut avoir dans la vie d'une personne. Non seulement il est pernicieux en soi, mais il ouvre aussi la porte à diverses autres forces négatives et destructrices, leur permettant d'entrer et de graduellement contrôler la vie d'une personne. C'est vrai que c'est une racine à partir de laquelle peut pousser tout ce qui fait mal.

Depuis ce moment-là, j'ai eu affaire à plusieurs centaines de personnes qui ont eu besoin et qui ont reçu la délivrance des effets spirituels du rejet. La femme, dans cet exemple, était visiblement en détresse, mais le rejet n'est pas toujours visible extérieurement. Le rejet peut être une attitude intérieure cachée que nous portons autour de nous. Le problème demeure dans le domaine de l'esprit. J'ai appris par expérience que chaque émotion négative, chaque réaction et chaque attitude porte, associé avec elle, un esprit correspondant. Derrière la peur, il y a un esprit de peur; derrière la jalousie il y a un esprit de jalousie; derrière la haine, il y a un esprit de haine.

Cela ne veut pas dire que chaque personne expérimentant la peur, par exemple, ait un esprit de peur. Mais une personne qui n'arrive pas à exercer la maîtrise de soi et qui donne habituellement libre cours à la peur sans se réfréner, aura probablement ouvert la porte à un esprit de peur. A partir de là, la personne n'a plus la pleine maîtrise d'elle-même.

Cela s'applique également à d'autres émotions telles que la jalousie ou la haine. Dans beaucoup de cas, c'est le rejet qui ouvre la porte à d'autres esprits négatifs. Comme nous l'avons dit auparavant, le rejet est une racine à partir de laquelle d'autres attitudes et émotions destructrices peuvent pousser.

Voici un exemple qui montre comment se développe le processus. Une fille se sent rejetée par son père et le déteste parce qu'il est sévère et peu aimable. Cette haine va se développer à un point tel qu'elle ne pourra plus la refouler. Puis elle se marie et a des enfants. A la longue elle se retrouve en train de détester l'un de ses enfants. Sa haine est méchante et irraisonnée, mais elle ne peut pas la maîtriser. C'est un esprit de haine. Quand le père n'est plus là, cette haine se dirige contre un autre membre de la famille. Un autre effet possible de cet esprit de haine, sera que cette femme en arrive à détester tous les hommes. Elle pourra même devenir lesbienne et éviter tout contact sain avec les hommes.

Dans le prochain chapitre nous allons nous tourner vers une forme de rejet que beaucoup trop d'adultes ont expérimentée dans le mariage - la trahison. Je vais aussi décrire comment la honte accompagne cette sorte d'expérience.

* * * * * * *

Chapitre Trois

LA TRAHISON ET LA HONTE

Le chapitre précédent a décrit quelques causes du rejet dans la petite enfance. Quand nous grandissons, nous nous exposons à la possibilité d'expérimenter encore plus de rejet au travers du mariage. Mais, cette fois-ci, la douleur est complexe parce que le mariage entraîne la confiance et quand celle-ci est brisée, on souffre encore de la trahison.

De très nombreuses fois, j'ai, comme beaucoup d'autres pasteurs, conseillé des épouses qui ressentaient qu'elles avaient tout perdu. Elles avaient fait confiance à leur mari et s'étaient données sans réserve. Puis leur mari est parti. Elles se sont senties trahies. J'ai aussi parlé à des maris qui se sont sentis trahis par leur épouse. J'ai vu beaucoup d'autres sortes de trahison.

Avez-vous été trahi? Comment avez-vous réagi?

Quand quelqu'un vous trahit, il se peut que vous vous disiez: "Je ne m'ouvrirai plus jamais. Personne n'aura encore une chance de me faire souffrir de cette façon." Ceci est une réaction naturelle, mais c'est aussi dangereux. Cela va vous ouvrir à un deuxième problème - celui d'être sur la défensive. C'est la réaction de quelqu'un qui a souffert trop souvent. Si on est sur la défensive, on se dit: "Très bien, je vais continuer à vivre, mais je ne permettrai plus jamais à quelqu'un d'être assez proche de moi pour me faire souffrir à nouveau. Je mettrai toujours un mur entre les autres et moi."

Savez-vous qui en souffre? Vous-même. Vous devenez une personnalité diminuée et incomplète. Vous devenez comme un arbre dont on a coupé une branche principale. Le prophète Esaïe donne une image vivante de ce qu'est la trahison. Le Seigneur est en train de réconforter le peuple d'Israël. Il leur dépeint leur condition, telle Qu'il la voit. Il les compare à une femme qui a été rejetée par son mari. C'est une situation familière - atrocement familière - à des millions de femmes des pays occidentaux aujourd'hui.

"Ne crains pas, car tu ne seras pas confondue; ne rougis pas, car tu ne seras point déshonorée; mais tu oublieras la honte de ta jeunesse et tu ne te souviendras plus de l'opprobre de ton veuvage. Car ton Créateur est ton époux: l'Eternel des armées est son nom; et ton rédempteur est le Saint d'Israël. Il se nomme Dieu de toute la terre; car l'Eternel te rappelle comme une femme délaissée et au cœur attristé. Comme une épouse de la jeunesse, qui a été répudiée, dit ton Dieu" (Es.54:4-6).

Le tableau est à son apogée dans le dernier verset avec l'image d'une "femme abandonnée dont l'esprit est affligé - d'une compagne de jeunesse qui a été répudiée." Beaucoup d'entre vous peuvent concevoir cela.

Quelquefois c'est l'inverse qui se produit, et c'est l'épouse qui rejette le mari. Bien que nous considérions les hommes comme étant quelque peu plus fort que les femmes, je sais, à partir de très nombreux cas auxquels j'ai eu à faire, qu'un homme qui se sent rejeté par sa femme peut souffrir une terrible agonie. C'est comme s'il avait échoué en tant qu'homme. D'une certaine façon, c'est peut-être plus dur pour un homme d'éprouver cette forme de souffrance parce qu'il en a honte. Notre société s'attend à ce que les hommes soient imperméables à la douleur sentimentale.

Ce tableau vivant d'Esaïe éclaire deux choses qui sont communément associées à la trahison dans le mariage. Le Seigneur dit à travers Esaïe: "Tu ne souffriras plus la honte... Tu ne seras plus humilié." Le fait de s'être donné sans réserve à une autre personne, d'avoir répandu son amour sur elle, de s'être rendu disponible à elle et de découvrir que cette personne vous a rejeté, amène bien souvent la honte et l'humiliation.

Vous souffrez de la honte si quelque part vous ressentez: "Je ne suis pas capable de rencontrer d'autres personnes. Je ne peux pas les regarder en face." Une personne qui souffre de la honte va souvent baisser ou détourner les yeux à l'approche d'une autre personne. La honte est débilitante et nous empêche de fonctionner comme des êtres humains sains.

En plus de la trahison due au divorce, il y a deux autres façons dont la honte affecte habituellement l'esprit d'une personne.

La première est l'humiliation publique. Cela peut se passer dans le cadre de l'école. Par exemple, ma femme et moi connaissions un sympathique jeune homme juif - nous l'appellerons Max - qui avait accepté le Messie mais qui avait encore des problèmes. Alors que nous parlions avec lui un jour, j'ai perçu un sentiment de honte. Quand nous l'avons questionné à ce sujet, ses souvenirs sont remontés au temps du lycée. A la fin de l'année scolaire, le directeur avait annoncé devant toute la classe que Max était le seul à avoir échoué, et qu'il devait redoubler son année.

Depuis cela Max n'a plus jamais été la personne qu'il aurait dû être. Il s'est protégé. Il était très appliqué et agressif afin de prouver qu'il était le meilleur. Mais si vous devez lutter tout le temps pour prouver que vous êtes aussi bon que les autres, quelque chose ne va pas. Il avait besoin de reconnaître l'existence et de détecter l'œuvre de la honte dans sa vie.

Une autre façon dont la honte vient est à travers les mauvais traitements sexuels dans l'enfance. C'est atrocement courant dans notre société. Une personne peut ne pas être libre d'en parler à quelqu'un d'autre. Souvent c'est un parent, un grand-parent ou un autre membre de la famille qui est responsable du mauvais traitement. La personne maltraitée ne sait plus si elle peut à nouveau faire confiance à ce parent.

Ainsi, la personne lutte avec des attitudes mélangées : d'un côté, la méfiance, et de l'autre, l'obligation de montrer le respect. Comment un enfant peut-il honorer un parent qui l'a maltraité?

Une personne peut traverser la vie sans jamais résoudre cette tension. Cela reste un secret honteux. Mais il y a une personne à qui vous pouvez vous ouvrir: le Seigneur! Nous ne gênons jamais le Seigneur par ce que nous lui disons. Il ne peut pas être "gêné". Vous pouvez lui dire les pires choses qui vous sont arrivées, et il vous répondra: "Je le savais depuis longtemps, et Je t'aime toujours." Même si Dieu nous offre une pleine acceptation, il y a souvent des conséquences du rejet, de la trahison et de la honte qui sont d'une portée considérable, c'est ce que je vais décrire dans le prochain chapitre.

* * * * * * *

Chapitre quatre

LES CONSEQUENCES DU REJET

Je crois que la première conséquence du rejet, c'est l'incapacité de recevoir ou de communiquer l'amour. Une personne qui ne s'est jamais sentie aimée, ne peut pas transmettre l'amour. Ce fait est mis en évidence par l'apôtre Jean.

"Pour nous, nous l'aimons, parce que il (Dieu) nous a aimés le premier" (1 Jean 4:19).

C'est l'amour de Dieu qui stimule notre amour pour lui en retour. L'amour est en sommeil jusqu'à ce qu'il soit stimulé par une autre personne. Sans une telle interaction, il ne vient jamais à la vie.

Aussi, si une personne ne connaît pas l'amour de Dieu ou des parents, une incapacité d'aimer est transmise de génération en génération. Par exemple, une petite fille est née dans une famille où elle n'a pas expérimenté l'amour. Elle a un sentiment de rejet, aussi elle ne peut pas communiquer l'amour. Elle grandit, se marie, devient une mère, a une fille. Elle ne peut pas communiquer l'amour à cette fille, et cette fille a le même problème. Et ainsi, ce terrible problème est perpétué de génération en génération.

En priant pour de telles personnes, j'ai quelquefois dit: "Ecoutez, à ce stade les choses doivent s'arrêter. Pourquoi ne laissez-vous pas ce changement se produire dans votre vie, afin de ne pas transférer le rejet à une génération suivante?"

Dieu a parlé à Ezéchiel en lui disant que les enfants ne devaient pas obligatoirement souffrir des torts de leurs ancêtres:

> "La parole de l'Eternel me fut adressée, en ces mots: pourquoi dites-vous ce proverbe dans le pays d'Israël: les pères ont mangé des raisins verts, et les dents des enfants en ont été agacées? Je suis vivant! dit le Seigneur, l'Eternel, vous n'aurez plus lieu de dire ce proverbe en Israël. Voici: toutes les âmes sont à moi; l'âme du fils comme l'âme du père, l'une et l'autre sont à moi; l'âme qui pèche c'est celle qui mourra. (l'homme) qui suit mes lois et observe mes ordonnances en agissant avec fidélité - celui-là est juste; il vivra, dit le Seigneur, l'Eternel."
> (Ez.18:1-4,9)

Ainsi, même si vos parents ne vous ont jamais manifesté de l'amour, Dieu ne veut pas que vous, ou vos enfants, souffriez de cette erreur. En acceptant la provision de Dieu, vous pouvez vous couper de ce mauvais héritage une fois pour toutes.

A côté de l'incapacité de manifester de l'amour, il y a d'autres conséquences secondaires du rejet. Je dirai que le rejet produit trois sortes de personnes: 1) la personne qui s'y abandonne, 2) la personne qui y résiste et 3) la personne qui lutte contre.

Regardons d'abord la personne qui s'y abandonne. C'est le genre de personne qui pense: "Je ne peux pas le supporter. La vie est trop dure pour moi. Il n'y a vraiment rien que je puisse faire."

J'ai appris par expérience, en ayant affaire à de telles personnes, que cela ouvre le chemin à une série de sentiments ou d'attitudes négatives qui vont dans ce sens:
*le rejet
*la solitude
*la pitié de soi
*la misère
*la dépression
*le désespoir

*la mort ou le suicide.

Le résultat final est tragique. Beaucoup, bien sûr, coupent court. Cependant, c'est l'aboutissement final et logique du processus qui est déclenché par le rejet. Que cela prenne la forme de la mort ou du suicide dépend de la structure émotionnelle de chaque personne.

Quelqu'un dont les réactions sont essentiellement passives succombera finalement à la mort. Le rejet est en fait un des facteurs à l'origine de beaucoup de morts que l'on croyait purement naturelles.

Une personne qui suit le sentier de la mort a le désir intérieur de mourir. Avez-vous jamais fait une remarque telle que: "Mieux vaudrait que je sois mort", ou: "Ah quoi bon vivre?" C'est une façon de parler très dangereuse. C'est une invitation à laisser entrer l'esprit de mort.

D'autre part, une personne ayant une attitude plus agressive se tournera vers le suicide comme solution radicale. Une telle personne se demandera aussi: "Ah quoi bon vivre?" Mais il ou elle ajoutera: "Je ferais tout aussi bien d'en finir."

Souvent la personne agressive voit le suicide comme étant une façon de faire souffrir ceux qui lui ont fait du mal. La pensée intérieure est celle-ci: "J'aurai ma revanche. Maintenant ils vont aussi souffrir comme j'ai souffert!"

Les dernières statistiques de suicides parmi la jeunesse des pays occidentaux sont effrayantes. Par exemple, aux Etats-Unis, plus de cinq mille jeunes et enfants âgés de cinq à vingt-quatre ans se sont suicidés en 1990, selon les statistiques du Centre National de la Santé.

Dans la plupart des cas, la cause non diagnostiquée de ces suicides a été le rejet. Probablement qu'ils ne pouvaient pas l'exprimer en paroles, mais dans leur for intérieur ces jeunes gens devaient se sentir indésirables et insignifiants.

Commencez-vous à ressentir que vous avez un des symptômes que je viens de décrire? Si vous vous trouvez en train de perdre la maîtrise de vos réponses, il se peut très bien que vous soyez simplement en train de lutter avec vos attitudes négatives. C'est possible qu'une influence démoniaque soit à l'œuvre, exploitant ces attitudes.

Ne vous fermez pas à cette possibilité; s'attaquer à un problème peut être un grand pas pour le vaincre. Au chapitre six, je vous montrerai comment prier contre cette sorte de mauvaise influence.

Le second type de personnes qui émerge du rejet est celle qui refuse de s'y abandonner et qui bâtit une réaction de défense. Ceci n'est qu'une façade, quelque chose qui recouvre la lutte et l'agonie intérieures.

Quelqu'un qui se bâtit une défense développe habituellement une sorte de bonheur superficiel. La personne semble être extravertie et est probablement bavarde, mais il y a une sorte de grincement métallique dans la voix. Une femme qui porte cette façade se maquille souvent un peu trop. Elle gesticule beaucoup. Sa voix est plus forte qu'agréable. Elle essaie désespérément d'apparaître heureuse, comme si elle ne souffrait pas, comme si rien n'avait vraiment d'importance. Ce qu'elle pense vraiment à l'intérieur d'elle-même, c'est: "J'ai tellement souffert une fois que je ne donnerai plus à personne l'occasion de me faire souffrir à nouveau de cette façon. Je ne permettrai plus à personne de s'approcher assez de moi pour me faire souffrir à nouveau." (C'est souvent la réaction à la trahison, comme je l'ai déjà mentionné.) Il y a des milliers de personnes semblables dans la société occidentale d'aujourd'hui.

Le troisième type de personnes devient un combattant - celui qui combat tout. L'ordre dans lequel les réactions s'enchaînent est à peu près: 1) le rejet, 2) le ressentiment, 3) la haine et 4) la rébellion. La rébellion et la sorcellerie sont jumelles, selon les Ecritures.

> "Car la rébellion est comme le péché de divination (angl.: "sorcellerie", 1 Sam. 15: 23, Darby).

Quand je parle de sorcellerie, je veux dire l'occultisme, ce qui est la recherche de fausses expériences spirituelles. L'occultisme inclut le ouija, les horoscopes, les diseurs de bonne aventure, les séances de spiritisme, les drogues - tout ce domaine. C'est vraiment l'expression de la rébellion. C'est se détourner du Dieu vivant pour aller vers un faux dieu. C'est enfreindre le premier commandement:

> "Tu n'auras point d'autres dieux devant ma face" (Ex.20:3).

En fait, la génération des jeunes gens qui ont grandi dans les années 1960 a suivi le chemin du ressentiment, de la haine, de la rébellion et finalement de l'occultisme. Comme je l'ai déjà mentionné, ce n'est pas parce qu'ils avaient manqué de choses matérielles, c'est parce qu'ils ne se sentaient pas aimés, ce qu'ils désiraient avant tout. Voyons dans le chapitre suivant ce que Jésus a fait pour guérir les blessures du rejet.

* * * * * * *

Chapitre cinq

LE REJET ULTIME

Tout ce que Dieu nous donne dans les Evangiles est basé sur des faits. Cela peut être résumé dans les trois étapes suivantes: les faits, la foi et les sentiments. L'Evangile est basé sur trois simples faits: 1) Christ est mort pour nos péchés selon les Ecritures; 2) il a été enseveli; 3) il est ressuscité le troisième jour (voir 1 Cor. 15: 3-4). Ces trois faits sont la base de tout l'Evangile. Ce sont des faits. La foi s'approprie ces faits. La foi commence par ces faits; elle croit et agit d'après eux. Puis, après la foi, viennent les sentiments.

Cela fait toute la différence dans votre vie si votre foi est basée sur des faits ou sur des sentiments. Si elle est basée sur des sentiments, vous serez une personne inconsistante et instable. Vos sentiments vont changer quand les circonstances vont changer; les faits ne changent jamais. Si nous voulons faire des progrès en tant que chrétiens, il nous faut apprendre à croire les faits, même si nos sentiments nous en font douter. Pour recevoir la provision de Dieu pour le rejet, il y a deux faits de base qu'il vous faut vous approprier.

1. Dieu n'a pas donné plusieurs solutions différentes aux divers besoins de l'humanité. Il a pourvu à une seule solution globale qui couvre tous les besoins de tout le monde: la mort en sacrifice de Jésus sur la croix.

2. Ce qui s'est passé à la croix est un échange que Dieu Lui-même avait planifié. Toutes les conséquences mauvaises de nos péchés sont déversées sur Jésus afin qu'en retour, tous les bénéfices de son obéissance sans péché puissent nous être accessibles. Pour notre part, nous n'avons rien fait pour mériter cela. Nous n'avons aucun droit de le réclamer. Cela provient uniquement de l'amour insondable de Dieu.

C'est pourquoi il serait vain de s'approcher de Dieu sur la base de quelque mérite ou d'une vertu que nous pourrions nous vanter de posséder. Rien de ce que nous pourrions offrir de nous-mêmes ne peut être comparé au mérite du sacrifice que Jésus a fait à notre place. Par comparaison, "tous nos actes de justice sont comme un vêtement souillé" (Es. 64:5). Cette merveilleuse révélation a été résumée dans un simple couplet.

> "Combien l'amour de Dieu envers moi, pécheur, est souverain, merveilleux et gratuit!"

En lisant les versets suivants, vous découvrirez les différents aspects de l'échange qui a eu lieu à la croix.

> "Celui qui n'a point connu le péché, il (Dieu) l'a fait devenir péché pour nous, afin que nous devenions en lui justice de Dieu" (2 Cor.5:21).

> "Christ nous a rachetés de la malédiction de la loi, étant devenu malédiction pour nous, afin que la bénédiction d'Abraham eût, pour les païens, son accomplissement en Jésus-Christ" (Gal. 3: 13-14).

> "Car vous connaissez la grâce de notre Seigneur Jésus-Christ qui pour vous s'est fait pauvre de riche qu'il était, afin que par sa pauvreté vous fussiez enrichis" (2 Cor. 8:9).

> "Afin que, par la grâce de Dieu, il souffrit la mort pour tous" (Héb. 2:9).

Voyez-vous l'échange? Christ a pris nos péchés afin que nous puissions avoir sa justice. Il a pris notre malédiction afin que nous puissions avoir sa bénédiction. Il a pris notre pauvreté afin que nous puissions avoir sa richesse. Il a souffert notre mort afin que nous puissions avoir sa vie. N'est-ce pas beau? Cet échange a aussi des implications pour nous en ce qui concerne la honte et le rejet. Hébreux 12 :2 dit:

> "Ayant les regards sur Jésus, le chef et le consommateur de la foi, qui, en vue de la joie qui lui était réservée, a souffert la croix, méprisé *l'ignominie*" (les italiques sont rajoutés).

Jésus était bien conscient de l'ignominie et de l'humiliation publique qu'il allait éprouver à la croix. En fait, l'un des objectifs primordiaux de la crucifixion était de faire honte à la personne. Alors que la personne était suspendue nue sur la croix, les gens qui passaient pouvaient l'insulter, et même faire des choses obscènes que je ne décrirai pas.

Dans une vision prophétique, Esaïe a entrevu les souffrances de Jésus sept siècles avant leur accomplissement:

> "J'ai livré mon dos à ceux qui me frappaient et mes joues à ceux qui m'arrachaient la barbe; je n'ai pas dérobé mon visage aux ignominies et aux crachats" (Es. 50:6).

Jésus a volontairement enduré la moquerie pour nous à la croix. Qu'est-ce que Dieu nous offre en retour? Tournons-nous, à nouveau vers Esaïe.

> "Au lieu de votre opprobre, vous aurez une portion double; au lieu de l'ignominie, ils seront joyeux de leur part" (Es.61:7).

Au lieu du mot "ignominie", j'emploierais plutôt gêne. Au lieu de la honte et de la gêne, Dieu nous offre l'honneur et la joie. Hébreux 2:10 nous dit un peu plus loin que le but de la mort de Jésus était de "conduire beaucoup de fils à la gloire".

La joie, l'honneur, la gloire - tout cela nous est offert à la place de la honte et de l'humiliation. Maintenant nous venons à la plus profonde des blessures: le rejet. Jésus a souffert un double rejet: d'abord, de la part des hommes, ensuite de la part de Dieu Lui-même. Esaïe a dépeint de façon très vivante le rejet de Jésus par ses compatriotes.

> "Méprisé et abandonné (angl.: *rejeté*) des hommes, homme de douleur et habitué à la souffrance, semblable à celui dont on détourne le visage, nous l'avons dédaigné, nous n'avons fait de lui aucun cas." (Es. 53:3)

Mais le pire est ce qui suit. Les derniers moments de Jésus sur la croix sont décrits dans Matthieu 27:45-51.

> "Depuis la sixième heure (midi) jusqu'à la neuvième (trois heures de l'après-midi), il y eut des ténèbres sur toute la terre. Et vers la neuvième heure, Jésus s'écria d'une voix forte: "Eli, Eli, lama sabachthani? - c'est-à-dire: "Mon Dieu, mon Dieu, pourquoi m'as-tu abandonné?" Quelques-uns de ceux qui étaient là, l'ayant entendu, dirent: "Il appelle Elie". Et aussitôt l'un deux courut prendre une éponge, qu'il remplit de vinaigre, et, l'ayant fixée à un roseau, il lui donna à boire. Mais les autres disaient: "Laisse, voyons si Elie viendra le sauver." Jésus poussa de nouveau un grand cri, et rendit l'esprit."

Pour la première fois dans l'histoire de l'univers, le Fils de Dieu a prié, mais le Père ne lui a pas répondu. Dieu a détourné son regard de son Fils. Dieu a fermé ses oreilles à son cri. Pourquoi? Parce que Jésus, à ce moment-là, s'est identifié à notre péché. L'attitude de Dieu le Père envers

Jésus devait être l'attitude de la justice de Dieu envers notre péché - le refus de la communion. Un rejet complet et absolu. Jésus n'a pas enduré cela pour Lui-même mais pour faire de son âme une offrande de péché pour nous.

Je trouve très significatif qu'à ce moment-là sur la croix Jésus ait parlé en araméen. J'ai observé cela durant mes visites dans les chambres d'hôpitaux. Quand les gens sont sous une grande pression, désespérément malades, peut-être à la porte de la mort, leurs réflexes reviennent souvent à la langue qu'ils ont apprise dans leur enfance. J'ai observé cela plusieurs fois. Je me rappelle très bien de ma première femme, Lydia. Alors qu'elle expirait son dernier souffle, elle a murmuré: "Tak for blodet; tak for blodet" - "Merci pour le sang", en danois, sa langue maternelle.

Ce passage donne une image tellement vivante de l'humanité de Jésus - car ses pensées sont revenues à la langue qu'il avait parlée dans son enfance. Il a crié en araméen.

Pensez à ces horribles ténèbres. Pensez à la solitude, au sentiment d'être complètement abandonné - d'abord des hommes, ensuite de Dieu. Vous et moi avons peut-être expérimenté une certaine mesure de rejet, mais jamais jusqu'à ce point. Jésus a bu la coupe amère du rejet jusqu'à la lie. Il aurait pu vivre encore plusieurs heures sur la croix, mais il est mort parce que son cœur était brisé. Qu'est-ce qui a brisé son cœur? Le rejet. Et regardez alors la conséquence - si dramatique, si immédiate.

> "Et voici: le voile du temple se déchira en deux depuis le haut jusqu'en bas." (Matth. 27:51)

Qu'est-ce que cela signifie? Cela signifie que la barrière entre l'homme et Dieu a été enlevée. Le chemin a été ouvert à l'homme afin qu'il vienne vers Dieu sans honte, sans culpabilité, sans peur. Jésus a porté notre rejet afin que nous puissions expérimenter son acceptation. C'est là la signification du voile déchiré. Le rejet de son Père était plus qu'il ne pouvait supporter. Mais, Dieu merci, le résultat pour nous est un accès direct à Dieu.

Regardons maintenant les résultats de notre acceptation par Dieu.

> "Béni soit Dieu, le Père de notre Seigneur Jésus-Christ, qui nous a bénis de toutes sortes de bénédictions spirituelles dans les lieux célestes en Christ! En lui, Dieu nous a élus avant la fondation du monde, pour que nous soyons saints et irrépréhensibles devant lui, nous ayant prédestinés dans son amour à être ses enfants d'adoption par Jésus-Christ selon le bon plaisir de sa volonté, à la louange de la gloire de sa grâce qu'il nous a accordée en son bien-aimé." (Eph.1:3-6)

Quel était le plan éternel de Dieu - même avant la création? Que nous devenions ses enfants, ses fils et ses filles. Cela ne pouvait être accompli qu'à travers la mort substitutive de Jésus à la croix. Quand Jésus a porté nos péchés et souffert notre rejet, il a ouvert le chemin pour notre acceptation. Pendant juste cette période il a perdu son statut de Fils de Dieu, afin que nous puissions gagner le statut de fils et de filles de Dieu.

Au verset 6, la version anglaise "King James" apporte un éclairage particulier pour "célébrer la gloire de sa grâce, dans laquelle il nous a *acceptés* dans le bien-aimé." C'est là le remède face au rejet: réaliser que Jésus a porté votre rejet afin que vous puissiez avoir son acceptation.

Méditez sur la profondeur de cette révélation! Nous sommes l'objet du soin et de l'attention pleins d'amour, de Dieu. Nous sommes inscrits en premier sur sa liste de ce dont il prend soin dans l'univers.

Il ne nous écarte pas dans un coin en disant: "Attends. Je suis occupé. Je n'ai pas de temps pour toi maintenant."

Aucun ange non plus ne dit: "Ne fais pas de bruit. Papa dort."

Dieu dit: "Je m'intéresse à toi; Je te veux. Tu es le bienvenu. Viens. Je t'ai attendu si longtemps."

Il est comme le père de la parabole du fils prodigue (voyez Luc 15:11-32), qui était dehors à l'attendre. Personne n'était venu lui dire: "Ton fils revient à la maison." Cependant, le premier à savoir cela, c'était le père. L'attitude de Dieu envers nous en Christ est comme celle de ce père. Nous ne sommes pas rejetés; nous ne sommes pas des citoyens de deuxième classe; nous ne sommes pas des employés.

Quand le fils prodigue revint à la maison, il était même prêt à se faire serviteur. Il voulait dire: "Père, traite-moi comme l'un de tes employés." Mais quand il eut confessé ses péchés, le père ne l'a pas laissé continuer. Il ne lui a jamais permis de dire: "Traite-moi comme l'un de tes employés."

Au contraire, le père a dit: "Apportez vite la plus belle robe et mettez-la lui; mettez-lui une bague au doigt, et des sandales aux pieds. Amenez le veau gras, et tuez-le. Mangeons et réjouissons-nous; car mon fils que voici était mort, et il est revenu à la vie; il était perdu et il est retrouvé."

Toute la maison a été mise sens dessus dessous pour accueillir le fils prodigue. C'est pareil au ciel. Jésus a dit qu'il y a plus de joie pour un seul pécheur qui se repent que pour quatre-vingt-dix-neuf justes qui n'ont pas besoin de repentance (voir Luc 15:7). C'est ainsi que Dieu nous accueille en Christ.

Voici les deux faits qu'il vous faut bien saisir:

1. Christ a porté notre rejet à la croix, avec toute l'agonie et la douleur que cela impliquait pour son cœur. En fait, il mourut de ce que son cœur fut brisé.

2. Nous sommes acceptés à cause de son rejet. Nous sommes acceptés en Jésus, le Bien-aimé. C'est un échange. Jésus a porté le mal afin que nous puissions recevoir le bien.

Parfois, tout ce dont nous avons besoin, c'est de saisir ces deux faits.

Il y a quelques années, lors d'une grande convention sous chapiteau, je me dirigeais vers un lieu de réunion où je devais prêcher quand je suis tombé sur une femme qui se rendait rapidement dans la direction opposée. A bout de souffle, elle me dit: "Oh, frère Prince, j'ai prié pour que si Dieu voulait que je vous parle, nous puissions nous rencontrer.

"Eh bien," ai-je dit, "nous nous sommes rencontrés! Quel est votre problème? Je n'ai que deux minutes à vous accorder car je dois aller prêcher." Elle a commencé à parler et au bout d'une demi-minute, je l'ai interrompue: "Arrêtez!. Je connais votre problème. Je n'ai pas besoin d'en entendre plus", lui ai-je répondu. "Votre problème, c'est le rejet. J'ai la solution. Ecoutez. Je veux que vous répétiez ces paroles après moi."

Je ne lui avais pas dit à l'avance ce que j'allais lui dire. J'ai simplement prié d'une façon improvisée, et elle m'a suivi phrase après phrase.

"Dieu, merci de ce que tu m'aimes; de ce que tu as donné Jésus ton Fils, afin qu'il meure pour moi; de ce qu'il a porté mon péché; de ce qu'il a pris mon rejet; de ce qu'il a payé le prix pour moi. Et comme je viens à toi à travers lui, je ne suis pas rejetée; je ne suis pas indésirable; je ne suis pas exclue. Tu m'aimes vraiment. Je suis réellement ton enfant. Tu es réellement mon Père. J'appartiens à ta famille. J'appartiens à la meilleure famille de l'univers. Le ciel est ma maison. Je lui appartiens réellement. Oh Dieu, merci, merci."

Après avoir terminé, j'ai dit: "Amen - au revoir - je dois partir," et je me suis sauvé.

Au bout d'un mois, j'ai reçu une lettre de cette femme. Après avoir décrit notre rencontre, elle a écrit: "Je veux vous dire que ces deux minutes que vous avez passées avec moi et cette prière que j'ai priée ont complètement changé ma vie. Je suis une personne différente depuis."

Comme je lisais sa lettre, j'ai compris ce qui lui était arrivé au moment de la prière: elle était passée du rejet à l'acceptation.

La famille de Dieu est la meilleure famille. Il n'y a pas de famille égale à la famille de Dieu. Même si votre propre famille ne prend pas soin de vous, si votre père vous a rejeté et si votre mère n'a jamais eu de temps pour vous, ou si votre mari ne vous a jamais montré de l'amour, gardez à l'esprit que Dieu vous veut. Vous êtes accepté; vous êtes hautement favorisé; vous êtes l'objet de son affection et de ses soins particuliers. Tout ce qu'il fait dans l'univers tourne autour de vous.

Paul disait aux Corinthiens - qui n'étaient pas vraiment des chrétiens de haut niveau -

> "Car tout cela arrive à cause de vous" (2 Cor. 4:15).

Tout ce que Dieu fait, il le fait pour nous. Réaliser cela ne nous rend pas prétentieux, mais humbles. Voir la grâce de Dieu ôte toute place à la vanité.

C'est très significatif que les dernières paroles de Jésus à ses disciples avant sa crucifixion, concernent notre relation avec Dieu en tant que Père.

> "Père juste, le monde ne t'a point connu; mais moi, je t'ai connu, et ceux-ci ont connu que tu m'as envoyé. Je leur ai fait connaître ton nom..." (Jean 17:25-26a).

Comment Jésus nous a-t-il fait connaître Dieu? En tant que Père. Les Juifs avaient connu Dieu en tant que Jéhovah pendant quatorze siècles, mais la seule Personne qui pouvait Le présenter comme Père était son Fils. Six fois dans cette prière pour les disciples, Jésus s'adresse à Dieu comme Père.

> "Et je le leur ferai connaître..." (v. 26b).

Jésus disait qu'il continuerait à leur révéler Dieu comme Père. Puis nous parvenons au but de cette révélation.

> "...afin que l'amour dont tu m'as aimé soit en eux, et que je sois en eux" (v 26c).

Je comprends que cela veut dire que , puisque Jésus est en nous, Dieu a exactement le même amour pour nous qu'il a pour Jésus. Nous sommes aussi chers à Dieu que Jésus Lui-même. Mais il y a un autre aspect à ceci. Puisque Jésus est en nous, nous pouvons aimer Dieu de la même façon que Jésus L'aime.

Voilà le but ultime du ministère terrestre de Jésus: nous amener dans la relation d'amour qui existe entre le Père et le Fils. Cette relation a deux aspects: d'abord, le Père a pour nous le même amour que pour Jésus; ensuite, nous pouvons rendre la réciproque en ayant pour le Père le même amour que Jésus.

Jean nous dit:

> "La crainte n'est pas dans l'amour, mais l'amour parfait bannit la crainte" (1 Jean 4:18).

Alors que nous développerons cette relation d'amour avec Dieu, il n'y aura plus de place pour la culpabilité, pour l'insécurité, pour le rejet.

Peut-être que vous avez de mauvais souvenirs d'un père humain. Dieu avait prévu que chaque père démontre ce qu'il est Lui-même, mais beaucoup de pères ont échoué. Cependant vous avez toujours un Père céleste qui vous aime, qui vous comprend, qui pense le meilleur de vous et qui prévoit le meilleur pour vous. Il ne vous abandonnera jamais, n'aura jamais de malentendus à votre sujet et ne sera jamais contre vous.

Pour quelques-uns, la simple déclaration de l'acceptation de Christ et de la paternité de Dieu, résout le problème du rejet. Mais pour d'autres, cela ne suffit pas. Si vous sentez que votre problème n'est pas encore résolu, il se peut que vous ayez besoin de davantage d'aide. Suivez-moi dans le chapitre suivant. Je vais expliquer certaines étapes pratiques que vous pouvez suivre pour rendre la solution de Dieu efficace dans votre vie.

* * * * * * *

Chapitre six

COMMENT S'APPLIQUER LE REMEDE

A ce stade, vous avez permis au Saint-Esprit d'insérer sa sonde dans votre blessure et il a exposé le corps étranger qui provoquait la douleur et l'infection. Etes-vous maintenant prêt à accepter le remède de Dieu? Si oui, il y a cinq étapes successives qu'il vous faut suivre.

Etape 1. Reconnaissez la nature de votre problème et appelez-le par son nom: le rejet. Dieu doit toujours nous amener devant la vérité avant que nous puissions recevoir son aide.

Etape 2. Prenez toujours Jésus comme modèle:

> "parce que Christ aussi a souffert pour vous, vous laissant un exemple, afin que vous suiviez ses traces" (1 Pierre 2:21).

Comment Jésus a-t-il rencontré le rejet? Pendant trois ans et demi, il s'est totalement donné pour faire le bien, pour pardonner les péchés, pour guérir les malades, pour délivrer les personnes oppressées par les démons. A la fin de cette période, le gouverneur romain a offert un choix au peuple de Jésus, le peuple juif. Il était prêt à relâcher de prison soit Jésus de Nazareth, soit un criminel nommé Barabbas, coupable d'insurrection politique, de vol et de meurtre.

Par l'une des décisions les plus étonnantes et tragiques de toute l'histoire de l'humanité, le peuple a rejeté Jésus et a choisi Barabbas. Ainsi ils ont dit: "Débarrasse-nous de Jésus! Crucifie-le! Nous ne le voulons pas. Nous voulons Barabbas, le voleur et le meurtrier". En réponse, Jésus a prié pour ceux qui l'ont crucifié:

"Père, pardonne-leur, car ils ne savent ce qu'ils font" (Luc 23:34).

L'étape 2, c'est donc de pardonner. Ce n'est pas une chose facile à faire. En fait, laissés à vous-même, vous ne pouvez pas le faire. Mais vous n'êtes pas laissé à vous-même. Parvenu à ce stade, le Saint-Esprit est là avec vous. Si vous vous abandonnez à lui, il vous donnera la grâce surnaturelle dont vous avez besoin.

Peut-être que vous dites: "Mais la personne qui m'a fait du mal est morte, aussi pourquoi ai-je encore besoin de lui pardonner?" Qu'elle soit morte ou vivante n'est pas important. Vous pardonnez pour vous-même, non pour elle.

Je connais un cher jeune chrétien qui a entendu ce message. Il a réalisé que pendant des années il avait entretenu de l'amertume, du ressentiment, de la colère et de la rébellion contre son père qui était mort. Il a emmené sa femme à un voyage de plusieurs centaines de kilomètres jusqu'au cimetière où son père était enterré. Laissant sa femme dans la voiture, il est allé seul sur la tombe de son père. Il s'est agenouillé là et pendant les deux heures qui ont suivi, il s'est vidé de ses attitudes empoisonnées. Il ne s'est pas relevé avant d'avoir pardonné à son père. Quand il est sorti du cimetière, il était une personne différente. Sa femme témoigne aujourd'hui qu'elle a un nouveau mari. Le père était mort, mais le ressentiment était toujours très vivant.

Il y a quelque chose de particulièrement important au sujet des relations parents-enfants. La jeunesse, en particulier, a besoin de se rappeler: du premier commandement accompagné d'une promesse:

> "Honore ton père et ta mère, afin que tu sois heureux" (Eph.6:2-3).

Vous pouvez être sûr de ceci: si vous n'honorez pas vos parents, vous ne serez jamais heureux.

Vous allez peut-être me dire: "Ma mère était une prostituée; mon père était un alcoolique. Est-ce que vous attendez de moi que je les honore?" Oui. Non pas en tant que prostituée ou en tant qu'alcoolique, mais en tant que votre père et que votre mère. C'est l'exigence de Dieu.

Quand j'étais jeune converti et baptisé du Saint-Esprit, je pensais que j'en savais beaucoup plus que mes parents. Mark Twain a dit un jour en plaisantant que lors d'un retour à la maison après de nombreuses années d'absence, il fut surpris de constater combien de sagesse ses parents avaient gagnée entre-temps! Eh bien, j'étais comme cela. Puis un jour Dieu m'a fait remarquer ce principe: Si vous voulez être heureux, il vous faut apprendre à honorer vos parents.

Mes parents sont tous les deux morts maintenant, mais je remercie Dieu de ce que j'ai vraiment appris à les honorer. Je pense que c'est l'une des raisons pour lesquelles je suis heureux. J'ai vu les deux aspects de ce principe. J'ai vu les gens qui ont honoré leurs parents et qui ont été bénis, et j'ai vu les gens qui ont refusé de le faire et qui n'ont jamais été heureux. Leurs vies n'ont jamais été totalement bénies de Dieu.

Le refus de pardonner est l'une des barrières les plus courantes aux bénédictions de Dieu. Cela s'applique aussi aux relations entre maris et femmes. Je me rappelle avoir parlé une fois à une femme qui était venue me voir pour la prière et la délivrance. Je lui ai dit: "Il vous faut pardonner à votre mari. "Elle m'a répondu: "Après qu'il ait ruiné quinze années de ma vie et qu'il soit parti avec une autre femme?"

Je lui ai dit: "Eh bien, voulez-vous qu'il continue à ruiner le reste de votre vie? Si oui, alors continuez à avoir du ressentiment pour lui, car c'est ce qui va se passer."

Rappelez-vous, ce n'est pas celui pour qui vous éprouvez du ressentiment qui souffre le plus. C'est celui qui a du ressentiment. Comme quelqu'un a dit au sujet de l'homme qui a un ulcère: "Ce qui importe n'est pas ce que l'homme mange; c'est ce qui ronge l'homme." Vous pouvez pardonner. Quand le Saint-Esprit vous en rend capable, vous pouvez pardonner - si vous le voulez.

Pardonner n'est pas une émotion; c'est une décision. Ne dites pas: "Je ne le peux pas". Pour être franc, vous êtes en train de dire: "Je ne le veux pas." Si vous pouvez dire: "Je ne le veux pas", vous pouvez aussi dire: "Je le veux."

Etape 3. Prenez la ferme décision de vous débarrasser des mauvais fruits que le rejet a produits dans votre vie, tels l'amertume, le ressentiment, la haine et la rébellion. Rappelez-vous ce jeune homme dans le cimetière! Ces sentiments sont du poison. Si vous les nourrissez dans votre cœur, ils empoisonneront toute votre vie. Ils provoqueront chez vous de graves problèmes émotionnels et probablement aussi des problèmes physiques. Dites par une décision de votre volonté: "J'abandonne l'amertume, le ressentiment, la haine et la rébellion."

Les conseillers disent aux alcooliques guéris: "Le ressentiment est un luxe que vous ne pouvez plus vous offrir." Cela est vrai pour nous tous. Personne ne peut s'offrir le ressentiment. Il coûte trop cher.

Etape 4. Celle-ci vous n'avez pas à la faire vous-même. Dieu l'a déjà faite pour vous.

> "Dieu *nous a acceptés* en son bien-aimé" (Eph.1:6, angl. version King James, les italiques sont rajoutés).

Quand vous vous approchez de Dieu au travers de Jésus, vous découvrez que vous êtes déjà accepté. Dieu n'a pas d'enfants de deuxième classe. Il ne fait pas que de vous tolérer. Il vous aime. Il s'intéresse à vous. Il prend soin de vous. Regardez à nouveau à ces merveilleuses paroles dans l'épître aux Ephésiens:

> "En lui, Dieu nous a élus avant la fondation du monde, pour que nous soyons saints et

irrépréhensibles devant lui. nous ayant prédestinés dans son amour à être ses enfants d'adoption par Jésus-Christ selon le bon plaisir de sa volonté, à la louange de la gloire de sa grâce qu'il nous a accordée en son bien-aimé" (Eph.1:4-6).

Le but de Dieu de toute éternité a été de faire de nous ses enfants, et il l'a réalisé à travers la mort de Jésus à notre place à la croix. La seule chose que vous avez besoin de faire est de croire que Dieu veut que vous soyez son enfant. Quand vous vous approchez de Dieu à travers Jésus, il vous a déjà accepté.

Etape 5. Acceptez-vous vous-même. C'est parfois le plus difficile. Je dis aux chrétiens: "Ne vous rabaissez jamais. Ne vous critiquez jamais. Vous ne vous êtes pas fait vous-même. C'est Dieu qui vous a fait."

Dans Ephésiens 2:10, Paul nous dit que nous sommes l'ouvrage de Dieu. Le mot grec pour ouvrage est "poema", duquel nous obtenons le mot poème. Cela suggère une œuvre artistique. Nous sommes les chefs-d'œuvre de Dieu. De tout ce que Dieu a créé, c'est à nous qu'il a consacré le plus de temps et de soin.

Assez étonnamment, il est allé à la décharge pour sa matière première! Il se peut que vous regardiez en arrière et voyiez une liste d'échecs et de faux départs - un mariage brisé, des enfants qui ont mal tourné, un désastre financier. Il se peut que vous vous colliez comme étiquette "échec", mais Dieu vous colle l'étiquette: "Mon fils, Ma fille." Vous pouvez vous accepter vous-même parce que Dieu vous a accepté. Quand vous vous approchez de Dieu à travers Jésus, vous devenez une nouvelle création.

> "Si quelqu'un est en Christ, il est une nouvelle créature. Les choses anciennes sont passées; voici: toutes choses sont devenues nouvelles. Et tout cela vient de Dieu..." (2 Cor.5:17-18a).

Vous ne pouvez pas vous estimer d'après la façon dont vous viviez avant de venir à Christ parce que vous êtes devenu une nouvelle créature depuis.

Avez-vous suivi ces cinq étapes? Si oui, il est temps pour vous de proclamer maintenant votre libération, de faire une prière qui scellera ce que vous avez appris au sujet de l'acceptation de Dieu.

Vous pouvez prier simplement dans vos propres termes. Mais si vous n'êtes pas tout à fait sûr de ce qu'il faut dire, voici un modèle de prière que vous pouvez exprimer:

"Seigneur Jésus-Christ, je crois que tu es le Fils de Dieu et le seul chemin menant à Dieu. Tu es mort à la croix pour mes péchés, et tu es ressuscité d'entre les morts. Je me repens de tous mes péchés, et je pardonne à toute personne tout comme Dieu m'a pardonné. Je pardonne à tous ceux qui m'ont rejeté et blessé et qui ne m'ont pas manifesté de l'amour, Seigneur, et je crois que tu me pardonnes aussi. Je crois, Seigneur, que tu m'acceptes. Maintenant même, à cause de ce que tu as fait pour moi à la croix, je suis accepté. Je suis hautement favorisé. Je suis l'objet de ton attention spéciale. Tu m'aimes vraiment. Tu me veux. ton Père est mon Père. Le ciel est ma maison. Je suis membre de la famille de Dieu, de la meilleure famille de l'univers. Je suis accepté. Merci! Merci! Encore une chose, Seigneur: Je m'accepte tel que tu m'as fait. Je suis ton ouvrage, et je te remercie de ce que tu as fait. Je crois que tu as commencé une bonne œuvre en moi et que tu l'amèneras à la perfection avant la fin de mes jours. Et maintenant, Seigneur, je proclame ma libération de tout mauvais esprit de ténèbres qui aurait profité des blessures de ma vie. Je libère mon esprit pour qu'il se réjouisse en toi. Au nom de Jésus, Amen."

C'est le moment d'être libéré de tout mauvais esprit qui a pu vous tourmenter. Si vous sentez une force qui lutte contre la prière que vous venez juste de faire, c'est un mauvais esprit. C'est possible qu'un mot vienne dans votre pensée - rejet, ressentiment, pitié de soi, haine, mort ou d'autres similaires. C'est le Saint-Esprit qui révèle l'identité de votre ennemi. Renoncez-y en le nommant et puis expulsez-le. De quelque façon que cela se manifeste il vous faut l'expulser. Faites-le sortir par la respiration, par les sanglots ou par les cris - mais faites-le sortir!

C'est là le moment que vous attendiez depuis longtemps. Ne vous préoccupez pas de votre dignité! Acceptez toute l'aide que le Saint-Esprit vous donne.

Alors que vous expérimentez la libération, commencez à louer Dieu à haute voix: "Seigneur, je te remercie. Seigneur, je te loue. Seigneur, je t'aime! Merci de ma libération. Merci de tout ce que tu as fait pour moi."

Le fait de remercier Dieu met le sceau à votre délivrance. Maintenant vous êtes prêt pour votre nouvelle vie de liberté.

* * * * * * *

Chapitre sept

L'ACCEPTATION PARMI LE PEUPLE DE DIEU

Il y a encore une autre étape importante pour parfaire l'acceptation et c'est l'acceptation par le peuple de Dieu. Cela veut dire trouver sa place dans le corps de Christ. En tant que chrétiens nous ne sommes jamais des individus isolés. Nous sommes conduits dans une relation avec nos frères dans la foi. Cette relation est l'une des façons dont notre acceptation agit dans notre vie de tous les jours. L'acceptation par notre Père céleste est la première étape et la plus importante. Cependant, l'acceptation doit aussi trouver son expression dans notre relation avec nos frères. Les chrétiens constituent collectivement un corps, dont chaque chrétien est membre. Comme Paul l'a écrit:

> "Car, comme nous avons plusieurs membres dans un seul corps, et que tous les membres n'ont pas la même fonction, ainsi, nous qui sommes plusieurs, nous formons un seul corps en Christ et nous sommes tous membres les uns des autres" (Rom.12:4-5).

Puisque nous sommes membres d'un seul corps, et que chacun de nous appartient à tous les autres, nous ne pourrons jamais trouver une totale satisfaction, paix ou acceptation loin des autres membres.

> "Ainsi le corps n'est pas un seul membre, mais il est formé de plusieurs membres. Si le pied disait: Parce que je ne suis pas une main, je ne suis pas du corps, - ne serait-il pas du corps pour cela? Et si l'oreille disait: Parce que je ne suis pas un œil, je ne suis pas

du corps, - ne serait elle pas du corps pour cela?" (1 Cor.12:14-16).

Vous êtes un membre du corps. Il se peut que vous soyez un pied ou une main. Il se peut que vous soyez une oreille ou un œil. Mais vous êtes incomplet sans le reste du corps, et le reste du corps est incomplet sans vous. C'est pourquoi c'est tellement important de trouver sa place dans le corps.

> "Œil ne peut pas dire à la main: je n'ai pas besoin de toi; ni la tête dire aux pieds: je n'ai pas besoin de vous. Mais bien plutôt, les membres du corps qui paraissent être les plus faibles sont nécessaires; et ceux que nous estimons être les moins honorables du corps, nous les entourons d'un plus grand honneur; ainsi nos membres les moins honnêtes reçoivent le plus d'honneur" (1 Cor.12:21-23).

Aussi, personne ne peut dire à son compagnon chrétien: "Je n'ai pas besoin de toi." Nous avons tous besoin les uns des autres. Dieu a créé le corps de façon à ce que les membres soient interdépendants. Personne ne peut fonctionner efficacement tout seul. Cela s'applique à chacun de nous. Cela s'applique à vous. Vous avez besoin des autres membres, et ils ont besoin de vous. Lorsque vous trouvez votre place dans le corps, votre acceptation devient une expérience réelle, quotidienne.

Une autre image que le Nouveau Testament donne des chrétiens est celle d'une même famille. Nous sommes tous les membres d'une seule et même famille. La grande prière que Jésus a enseignée à ses disciples commence avec ces deux mots significatifs: "Notre Père". Cela nous dit deux choses: premièrement, nous avons un Père qui est Dieu. Nous sommes acceptés verticalement par lui. Mais le mot est "notre" et non pas "mon", ce qui signifie que nous sommes membres d'une famille, et qu'il y a beaucoup d'autres enfants dans cette famille. Notre acceptation devient horizontalement efficace uniquement quand nous trouvons et prenons notre place dans la famille. Ainsi, il y a une acceptation verticale par Dieu et une acceptation horizontale dans la famille de Dieu.

> "Ainsi donc, vous n'êtes plus des étrangers ni des gens du dehors; mais vous êtes concitoyens des saints, gens de la maison de Dieu " (Eph.2:19).

L'alternative c'est d'être des étrangers et des gens du dehors Nous n'aimons pas ces mots - "étrangers" ni "gens du dehors". J'ai émigré aux Etats-Unis en 1963, et je ne suis pas devenu citoyen avant 1970. Aussi, pendant sept ans, j'étais étranger dans ce pays. La plupart des gens qui sont citoyens de naissance n'ont aucune idée de ce que c'est que d'être étranger.

Tous les mois de janvier je devais remplir un formulaire pour le Ministère de la Justice, leur attestant quel était mon lieu de résidence. Ils devaient pouvoir me trouver au cas où ils voudraient m'interroger - ou m'expatrier. Je n'avais pas non plus le droit de vote pendant les élections fédérales ou locales. Si je quittais le pays, à mon retour je devais me mettre dans une file spéciale, séparé des citoyens américains, pour faire contrôler mon passeport. Puis, avec mon passeport, je devais présenter une petite carte verte, certifiant que j'étais un résident étranger.

Donc, il y a des distinctions, des différences. Vous n'avez pas vraiment d'appartenance tant que vous êtes étranger. Mais Dieu dit: "Vous n'êtes plus des étrangers. Vous êtes à l'intérieur. Vous faites partie de la famille." Mais cela ne devient réel pour vous que lorsque vous trouvez votre place dans la famille. Le psalmiste écrit:

> "Dieu fait habiter en famille ceux qui étaient seuls" (Ps. 68:6, Darby).

Etes-vous seul? Des millions de personnes le sont. Elles n'ont pas réalisé que Dieu donne des familles aux solitaires.

> "Il fait sortir ceux qui étaient enchaînés, pour qu'ils jouissent de l'abondance; mais les rebelles demeurent dans une terre aride" (Ps.68:6b, Darby).

Le but de Dieu est de vous faire entrer dans une famille. En le faisant, il brise les chaînes qui vous lient, et il vous fait entrer dans le bonheur. Seuls ceux qui refusent la direction de Dieu sont contraints de demeurer dans une terre aride.

Il se peut que vous vous demandiez comment faire partie de la famille de Dieu. Vous pouvez vous joindre à des groupes ayant beaucoup de noms différents - église, communauté, mission, etc. Le nom n'est pas important. Mais ce n'est pas toujours facile de trouver le genre de groupe dans lequel vous vous sentirez vraiment accepté. Dans mon livre "Le mariage: une alliance", j'ai fait une liste de neuf questions que devrait se poser quiconque cherche un tel groupe avant qu'il ou qu'elle s'y engage:

1. Est-ce qu'ils honorent et élèvent le Seigneur Jésus-Christ?
2. Est-ce qu'ils respectent l'autorité des Ecritures?
3. Est-ce qu'ils laissent de la place à l'action du Saint-Esprit?
4. Est-ce qu'ils expriment une attitude chaleureuse et amicale?
5. Est-ce qu'ils cherchent à développer leur foi dans la vie pratique de tous les jours?
6. Est-ce qu'ils tissent des relations interpersonnelles entre eux allant au-delà de la simple assistance aux réunions?
7. Est-ce qu'ils fournissent des soins pastoraux couvrant tous vos besoins légitimes?
8. Est-ce qu'ils sont ouverts à la communion avec d'autres groupes de chrétiens?
9. Vous sentez-vous à l'aise et comme chez vous parmi eux?

Si la réponse à toutes ou à la plupart de ces questions est positive, vous êtes sur le bon chemin. Continuez à chercher Dieu. Cependant, jusqu'à ce que vous receviez une réponse définitive de sa part, rappelez-vous que vous ne trouverez probablement pas le groupe parfait.

Maintenant, vous connaissez le moyen d'échapper à votre solitude et à votre impression d'être exclu. Devenez membre d'un organisme vivant, d'un corps vivant. Trouvez votre place et votre fonction et vous éprouverez de l'épanouissement. A la fin de mon livre "L'alliance du mariage", je suggère une prière qui peut être faite par quiconque languit de trouver sa place parmi le peuple de Dieu. Je l'ajoute à la fin de ce chapitre. Si cela exprime ce que vous ressentez maintenant, lisez-la et dites ensuite amen. De cette façon cela deviendra votre prière.

> "Seigneur, je me sens seul et insatisfait, et je le reconnais. Je languis de "demeurer dans ta maison", de faire partie d'une famille spirituelle de croyants engagés. S'il y a des barrières en moi, je te demande de les enlever. Guide-moi vers un groupe où mon attente peut être comblée, et aide-moi à m'engager avec eux. Dans le nom de Jésus, Amen."

Si vous avez dit un Amen sincère à cette prière, je vous promets que quelque chose va se passer dans votre vie. Dieu va agir dans votre vie. Il va vous donner une nouvelle direction et de nouvelles associations. Il ouvrira de nouvelles portes pour vous. Il vous sortira de cette terre aride et fera de vous le membre d'une famille et une partie du corps.

* * * * * * *

Chapitre huit

L'AMOUR DIVIN

Faisons une révision rapide. Beaucoup de gens souffrent des blessures spirituelles du rejet, de la trahison et de la honte. Des causes spécifiques peuvent être le rejet des parents, le divorce d'un conjoint, l'humiliation publique, etc.

Jésus a pourvu à un soulagement pour nous à travers une série d'échanges faits à la croix. Il a été rejeté par Dieu et par les hommes afin que nous puissions être acceptés par Dieu et par la famille de Dieu. Il a souffert la honte afin que nous puissions avoir part à sa gloire. Il a souffert notre mort afin que nous puissions recevoir sa vie. Reconnaître ce que Christ a fait peut apporter la liberté à certains; d'autres peuvent avoir besoin de faire des démarches supplémentaires. Les voici:

1. Laissez le Saint-Esprit vous aider à identifier comment ou où vous avez été blessé par le rejet.
2. Pardonnez à la (ou aux) personne(s) qui vous a (ont) fait du mal.
3. Abandonnez les fruits destructeurs du rejet, tels l'amertume, la haine, le ressentiment, la rébellion.
4. Acceptez que Dieu vous ait accepté en Christ.
5. Acceptez-vous vous-même.

La première conséquence du rejet est l'incapacité à recevoir ou à communiquer l'amour. C'est pourquoi le rejet est le plus grand obstacle à l'amour divin. Dieu travaille dans notre vie pour nous apporter la connaissance de l'amour divin.

A ce stade, je ne me réfère pas à l'amour que Dieu nous montre mais à la façon dont l'amour de Dieu coule en nous et ensuite à travers nous pour atteindre le monde environnant. En cela, il y a deux phases successives: d'abord, l'amour de Dieu répandu; ensuite, l'amour de Dieu réalisé dans le caractère. La première phase est une merveilleuse expérience surnaturelle; la seconde est la formation graduelle, progressive du caractère divin.

C'est intéressant d'établir le contraste entre cette sorte d'amour et l'amour purement humain. Dans ma jeunesse, j'admirais particulièrement œuvre de Shakespeare. Shakespeare était préoccupé par deux expériences humaines: l'amour et la mort. Il espérait que l'amour apporterait en quelque sorte une fuite de la mort.

Dans ses sonnets, il évoque une personne connue comme "la sombre dame". Elle était de toute apparence l'objet de l'affection passionnée de Shakespeare, affection pas tout à fait partagée. Dans un sonnet il essaie de la convaincre de ce que, bien qu'elle puisse vieillir, son amour à travers sa poésie allait la rendre immortelle.

> "Puis-je vous comparer à un jour d'été? Vous êtes encore plus belle et plus tempérée.
> Des vents rudes secouent les adorables bourgeons de mai, et la vitalité de l'été hâte trop vite leur durée.
> Parfois les rayons du ciel brillent trop chaudement,
> Et souvent leurs éclats dorés pâlissent, et de clarté en clarté déclinent,
> Par hasard ou selon l'état changeant de la nature, se déparent; mais votre éternel été ne se fane pas,
> Ni ne perdez cette blondeur qu'est la vôtre,
> Ni même la mort ne se targuerait de vous atteindre de son ombre,
> Quand des lignes éternelles le temps vous gardera.
> Aussi longtemps que les hommes vont respirer ou que les yeux vont voir,
> Aussi longtemps, ceci vivra et vous prêtera vie."[1]

---

[1] Stanley Wells, ed., Les sonnets de Shakespeare (Oxford: University Press, 1985), 32.

C'était ce que son amour pouvait lui offrir de meilleur - l'immortalité de sa poésie. C'est sûr, cela a vécu quatre siècles. Mais la dame est morte.

Shakespeare avait une attente très élevée de l'amour, et je dirais qu'il a été probablement déçu. Etant passé moi-même par là, je crois que je comprends sa déception.

Pendant vingt-cinq ans, j'ai cherché quelque chose de permanent et d'épanouissant dans la poésie, la philosophie et le monde avec ses plaisirs et ses défis intellectuels. Plus je cherchais, moins j'étais satisfait. Je n'avais aucune idée de ce que je cherchais. Mais quand le Seigneur s'est révélé Lui-même à moi et qu'il m'a baptisé du Saint-Esprit, j'ai su immédiatement que c'était ce que j'avais cherché tout le temps. J'avais été à l'église pendant vingt ans et personne ne m'en avait jamais parlé.

Maintenant nous allons voir ce qui se passe quand nous aimons les gens selon la version de l'amour venant de Dieu - non pas celle de Shakespeare, mais celle de Dieu. Dans Romains 5:5, nous lisons cette merveilleuse déclaration:

> "Or, l'espérance ne trompe point, parce que l'amour de Dieu est répandu dans nos cœurs par le Saint-Esprit qui nous a été donné."

L'amour ou l'espoir ne sont jamais déçus quand ils sont fixés sur Dieu parce que l'amour de Dieu a été répandu dans nos cœurs - la totalité de l'amour de Dieu. Dieu ne refuse rien. Il retourne le panier et déverse le tout quand il nous baptise du Saint-Esprit.

Pendant la Deuxième Guerre mondiale, j'ai servi dans l'armée britannique dans le service médical, en tant qu'aide soignant. J'étais en outre-mer pendant quatre ans et demi, en Afrique du Nord principalement, et puis dans le lieu nommé à l'époque la Palestine. J'ai passé une année au Soudan qui est un pays sec, plutôt pâle et désertique. Le Soudan et ses habitants n'exercent pas une attirance spontanée. Mais j'avais été baptisé du Saint-Esprit, et Dieu m'a montré qu'il avait une destinée pour moi. Il a commencé à me donner un amour surnaturel pour ces gens.

L'armée m'avait placé pendant une courte période dans une gare de jonction nommée Atbara dans le nord du Soudan. J'étais responsable d'une petite salle d'accueil pour les malades militaires. Je pense qu'il y avait trois lits. Il y avait un docteur civil dans la ville avec qui j'étais en contact, mais pour la première fois dans ma carrière militaire, j'étais mon propre patron. Pour la première fois aussi j'avais un lit pour y dormir. Le comble, c'était que parmi l'équipement qui m'était destiné dans la salle d'accueil, il y avait des pyjamas en flanelle. Dans ce temps - là, j'avais passé à peu près trois ans à dormir dans mes sous-vêtements, et j'en avais assez. Aussi j'ai profité des commodités et j'ai mis un long pyjama blanc et j'ai dormi dans un lit.

Une nuit, alors que j'étais dans mon lit, l'Esprit de Dieu vint sur moi alors que j'étais en prière d'intercession pour le Soudan. La prière n'avait rien à voir avec mes sentiments naturels à son sujet, mais je ne pouvais pas dormir. J'étais conduit par une puissance intérieure, et je me suis retrouvé en train de prier avec un amour surnaturel bien au-delà du niveau que j'aurais pu atteindre avec mon propre raisonnement ou avec mes sentiments.

Quelquefois, dans le milieu de la nuit, je sortais du lit et j'arpentais la pièce. Soudain, j'ai réalisé que mon pyjama blanc se mettait à briller. J'ai réalisé que, pendant de courts instants, j'étais identifié à notre grand intercesseur céleste, le Seigneur Jésus.

Plus tard, l'armée m'a transféré dans un petit hôpital, dans un endroit misérable, dans les collines de la Mer Rouge, où il y avait une tribu locale qui s'appelait Hadundawa. C'était un peuple féroce et sauvage qui ne connaissait pas d'autre religion que l'Islam. Environ un siècle plus tôt, ils avaient combattu dans une courte guerre contre les Britanniques. Les soldats britanniques les avaient surnommés "les têtes crépues" parce que les hommes s'arrangeaient les cheveux avec de la graisse de mouton dans un style touffu, ce qui les faisait se dresser à vingt centimètres au-dessus de leur cuir chevelu.

Tous mes compagnons soldats étaient mécontents, mais j'ai passé là huit des mois les plus heureux de ma vie, parce que Dieu m'avait donné son amour pour ces gens. En conséquence, j'ai eu le privilège d'amener au Seigneur le premier membre de la tribu Hadundawa qui a confessé sa foi en Christ. Quand je suis parti, cela m'a brisé le cœur de dire au revoir à cet homme et à ce lieu.

Au Soudan, dans ce temps-là, j'ai expérimenté une certaine mesure modeste de l'amour de Dieu *déversé* sur son peuple. Plus tard cependant, j'ai réussi à comprendre que cela avait besoin d'être rendu complet par l'amour de Dieu *réalisé* dans mon caractère.

Quand j'ai rencontré ma première épouse, Lydia, à peu près un an plus tard en Palestine et que j'ai vu les filles dont elles s'occupaient, le Seigneur a à nouveau rempli mon cœur de son amour merveilleux. A ce moment-là, ni Lydia ni moi n'avions de pensée de mariage, mais nous finîmes par nous marier. Dieu avait une fois de plus déversé son amour surnaturel dans mon cœur, mais cela n'avait pas fait de moi le genre de personne que j'aurais dû être. J'étais souvent égoïste, irritable, impatient, centré sur moi-même et insensible.

Je suis parvenu à comprendre que, même si une expérience surnaturelle de l'amour de Dieu déversé sur nous est merveilleuse, il en faut davantage pour former notre caractère. Dieu doit nous mener au-delà de l'amour déversé surnaturellement jusqu'à la formation d'un caractère qui exprime constamment son amour. C'est un processus, un long processus, et cela nécessite la patience de Dieu pour nous faire passer par là.

Dans ce processus de formation du caractère, la merveilleuse Parole de Dieu joue un rôle vital.

> "Celui qui dit: je l'ai connu, et qui ne garde pas ses commandements, est un menteur, et la vérité n'est point en lui. Mais celui qui garde sa parole, l'amour de Dieu est véritablement parfait en lui: par là nous savons que nous sommes en lui" (1 Jean 2: 4-5).

Remarquez comment ce verset mentionne la Parole de Dieu, non pas l'Esprit de Dieu. Nous ne sommes pas en train de parler d'une expérience surnaturelle mais de la lente, régulière formation du caractère qui provient d'une obéissance constante à la Parole de Dieu. Si nous obéissons aux Ecritures, l'amour de Dieu sera graduellement amené à l'achèvement ou à la maturité en nous.

C'est un verset à deux tranchants. Tout d'abord, la preuve de notre amour pour Dieu est que nous obéissons à sa Parole. Il est vain de proclamer que nous aimons Dieu quand nous n'obéissons pas à sa Parole. Mais, deuxièmement, alors que nous obéissons à sa Parole, Dieu travaille son amour dans notre caractère.

Le façonnement de notre caractère a sept phases successives selon l'apôtre Pierre (voyez 2 P.1:5-7). Nous commençons par le fondement:

> "Faites tous vos efforts pour joindre à votre foi la vertu..."

Le point de départ de tout ce que Dieu fait est la foi. On ne peut pas commencer autrement. Mais après que Dieu nous ait donné la foi, il doit y avoir un processus de développement du caractère. Aussi joignez à votre foi la vertu...

> "...à la vertu la science, à la science la tempérance, à la tempérance la patience, à la patience la piété, à la piété l'amour fraternel, à l'amour fraternel la charité."

Suivons ces sept étapes successives de la formation du caractère.

"Ajoutez à votre foi la vertu." Je préfère traduire par "l'excellence". L'excellence est la marque du chrétien. Ne soyez jamais négligent dans ce que vous faites. Si vous étiez concierge avant d'être sauvé, devenez un meilleur concierge après. Si vous étiez enseignant avant, devenez un meilleur enseignant après. Si vous étiez infirmière, devenez une meilleure infirmière. Vous devez joindre à votre foi l'excellence.

Pendant cinq ans, j'ai été directeur d'une école d'enseignants au Kenya. Mon but principal était de gagner mes étudiants à Christ. Quand ils recevaient Christ et étaient baptisés du Saint-Esprit, ils disaient parfois: "Maintenant vous allez attendre moins de moi parce que je suis chrétien." J'avais l'habitude de leur dire: "Au contraire, j'attends plus de vous. Si vous aviez pu être un enseignant sans Christ et le baptême, vous devriez être un enseignant deux fois meilleur une fois que vous avez Christ et le baptême. Je vais attendre plus de vous, pas moins."

Dieu a honoré mon engagement à l'excellence. La troisième année où j'étais responsable de cette école, nous avons eu cinquante-sept étudiants diplômés, hommes et femmes. Aux examens, chaque étudiant a réussi dans chaque sujet. Le délégué du ministère de l'éducation du Kenya, qui était responsable des écoles de formation des enseignants, est venu me féliciter personnellement et m'a dit: "Dans tous nos registres, nous n'avons jamais eu de tels résultats."

C'était parce que j'avais suivi la demande des Ecritures concernant l'excellence. Les résultats de nos examens ont plus impressionné les autorités du monde que n'importe quelle déclaration doctrinale que nous aurions pu faire. Le christianisme n'est pas une excuse pour être négligent. En fait, le chrétien négligent renie sa foi.

"A l'excellence (ajoutez) la science." Cela veut dire principalement la connaissance de la volonté de Dieu et la connaissance de sa Parole.

"A la science (ajoutez) la tempérance." C'est là un point au-delà duquel vous ne pouvez pas avancer dans le développement du caractère si vous n'apprenez pas à vous contrôler: dans vos sentiments, vos paroles, vos appétits et toutes les choses qui vous motivent.

"A la tempérance (ajoutez) la patience." Appliquez-vous. De nouveau, c'est un stade au-delà duquel vous n'avancerez jamais si vous n'apprenez pas à persévérer. Autrement, à chaque fois que vous serez prêt à atteindre la prochaine étape du développement, vous abandonnerez.

"A la patience (ajoutez) la piété." La piété, c'est une disposition soumise au Saint-Esprit."

A la piété (ajoutez) l'amour fraternel." Cela devient notre témoignage de groupe envers le monde. Jésus a dit:

> "A ceci tous connaîtront que vous êtes mes disciples, si vous avez de l'amour les uns pour les autres" (Jean 13:35).

"A l'amour fraternel (ajoutez) la charité - l'amour divin. C'est l'apogée. Cela commence quand le Saint-Esprit répand l'amour de Dieu dans nos cœurs, mais cela atteint son apogée avec le développement de notre caractère. La différence entre l'amour fraternel et l'amour divin, c'est que dans l'amour fraternel nous aimons nos frères chrétiens qui nous aiment. Dans l'amour divin, nous aimons ceux qui nous détestent, nous persécutent et sont à la fois froids et peu aimables. Cela nous mène tout droit au cœur du problème du rejet. Quelle est l'évidence que vous êtes guéris de cette blessure? Est-ce que Dieu peut vous donner un amour divin pour la personne qui vous a rejeté? Pouvez-vous retourner vers un parent qui n'est pas aimable et lui dire: "Je t'aime?" Pouvez-vous dire une prière pour votre ex-époux(se) et demander la bénédiction de Dieu sur lui ou sur elle? C'est la chose la moins naturelle du monde. Mais l'amour de Dieu est surnaturel - bien au-delà de tout ce qui peut procéder de vos propres efforts.

C'est peut-être la plus grande de toutes les bénédictions découlant de la guérison de la blessure du rejet. Vous pouvez devenir un instrument de l'amour de Dieu envers d'autres qui ont été blessés comme vous.

* * * * * * *

Cessez de vous trouver des excuses et faîtes en sorte que votre désir d'étudier la parole de Dieu devienne une réalité !

Cours biblique par correspondance: 'Les fondations chrétiennes' par Derek Prince

La plupart des chrétiens ont un désir sincère d'une meilleure connaissance de la Bible. Ils savent qu'une étude suivie et approfondie de la parole de Dieu est indispensable pour mûrir et vivre une vie chrétienne efficace. Malheureusement, la plupart manquent aussi de discipline, de direction et de motivation pour réussir une telle étude. Par conséquent, ils passent à coté des nombreux avantages obtenus par la connaissance et l'application de la Parole. Afin de fournir une direction et une discipline systématique dans l'étude de la Bible, Derek Prince a développé le cours par correspondance 'Les fondations chrétiennes'. Cette étude par correspondance vous permet de travailler à votre propre rythme, tout en offrant l'avantage d'un contact direct avec un coordinateur biblique qui peut vous fournir une direction ou de l'aide. Le cours est conçu autour de techniques d'enseignements établies et efficaces et est méthodique, avec des fondements bibliques et pratiques. Si vous souhaitez obtenir une brochure gratuit vous donnant plus d'informations sur le cours et comment vous inscrire (Europe et DOM/TOM seulement), merci de contacter:
Derek Prince Ministries France, B.P 31, 34210 Olonzac
Tel 04 68 91 38 72, fax 04 68 91 38 63
Email: catherine@derekprince.fr

www.ingramcontent.com/pod-product-compliance
Lightning Source LLC
Chambersburg PA
CBHW061248040426
42444CB00010B/2295